ANALIZA KSIĄŻKI

Przeminęło z wiatrem

∙ ∙ ∙ ∙ ∙ ∙ ∙ ∙ ∙ ∙ ∙ ∙ ∙ ∙

Margaret Mitchell

ANALIZA KSIĄŻKI

Napisany przez Sophie Urbain
Przetłumaczony przez Kâmil Kowalski

Przeminęło z wiatrem

• •

Margaret Mitchell

Wiedza na wyciągnięcie ręki!

MARGARET MITCHELL

AMERYKAŃSKA POWIEŚCIOPISARKA

- **Urodziła się w Atlancie, w stanie Georgia, w 1900 roku.**
- **Zmarła w Atlancie w stanie Georgia w 1949 roku.**
- **Godne uwagi prace:**
- *Przeminęło z wiatrem* (1936), powieść

Margaret Mitchell urodziła się na południu USA w 1900 roku. Pozostali członkowie jej rodziny żywo interesowali się amerykańską wojną domową (1861-1865), co sprawiło, że dorastała słysząc opowieści o konflikcie. Zaczęła studiować medycynę, ale po śmierci matki porzuciła studia i zajęła się pracą dziennikarską. Od 1922 roku pisała artykuły dla *Atlanta Journal*.

Jednak problemy zdrowotne zmusiły ją do porzucenia kariery dziennikarskiej, a jej mąż zasugerował, aby napisała powieść, która zajęłaby jej czas. Powstałe w ten sposób dzieło, Przeminęło *z wiatrem,* trwało trzy lata i zostało opublikowane w 1936 roku. Powieść odniosła natychmiastowy sukces popularny i krytyczny, zachwycając czytelników na całym świecie i zdobywając w 1937 roku nagrodę Pulitzera w dziedzinie literatury pięknej.

PRZEMINĘŁO Z WIATREM

PANORAMA AMERYKAŃSKIEGO ŻYCIA

- **Gatunek:** powieść
- **Wydanie referencyjne:** Mitchell, M. (2008) *Gone with the Wind*. New York: Pocket Books.
- Pierwsze **wydanie:** 1936
- **Tematyka:** Amerykańska wojna domowa, historia Ameryki, niewolnictwo, romantyczne rozczarowanie, kondycja kobiet

Przeminęło z wiatrem to zarówno powieść historyczna, która opowiada o zniszczeniach dokonanych przez amerykańską wojnę secesyjną, jak i namiętna historia miłosna, której centrum stanowią dwie ikoniczne bohaterki. Scarlett O'Hara to pełna temperamentu, zaciekle niezależna młoda kobieta, która jest zdecydowana uwieść przystojnego Ashleya Wilkesa. Gdy jej świat rozpada się w wyniku spustoszeń wojennych, sięga po niewykorzystane dotąd pokłady odwagi, by uratować rodzinną plantację i przywrócić jej dawną świetność. Kiedy w końcu wychodzi za mąż za Rhetta Butlera, czarującego i namiętnego, ale nieco nieokrzesanego mężczyznę, uświadamia sobie, że tak naprawdę nie kochała Ashleya i że spędziła życie, uciekając za czymś, co już znalazła w Rhetcie.

Prawa filmowe do tej historii zostały szybko zakupione i adaptacja Victora Fleminga (amerykański reżyser, 1883-1949) weszła na ekrany w 1939 roku, zaledwie trzy lata po wydaniu powieści. Film odniósł wielki sukces: do dziś jest jednym z najczęściej oglądanych filmów na świecie i odegrał kluczową rolę w wyniesieniu dwojga kochanków do statusu legendy.

STRESZCZENIE

WYNISZCZAJĄCA WOJNA

Powieść otwiera się w Georgii w 1861 roku. Scarlett O'Hara jest piękną młodą kobietą z wyższej klasy Południowej rodziny, która jest właścicielem plantacji bawełny Tara. Zabiega o nią kilku najbardziej pożądanych kawalerów w kraju, ale ona wzdycha tylko do Ashleya Wilkesa, dziedzica sąsiedniej plantacji, Twelve Oaks. Jednak kiedy Ashley zaręcza się z jej kuzynką, Melanie Hamilton, Scarlett, która przywykła do dostawania tego, czego chce, postanawia zrobić wszystko, by go uwieść. Na przyjęciu zaręczynowym Ashleya i Melanie, Scarlett przykuwa uwagę Rhetta Butlera, czarującego, atrakcyjnego, cynicznego i bogatego starszego mężczyzny.

Teraz, gdy wybuchła wojna secesyjna, Ashley przesuwa datę swojego ślubu, aby móc dołączyć do walk. W desperackiej próbie uczynienia go zazdrosnym, Scarlett pospiesznie poślubia brata Melanie, Charlesa, który umiera na zapalenie płuc wkrótce po ślubie, zanim jeszcze zdąży wyruszyć na front. Owdowiała i nosząca dziecko Charlesa, Scarlett jedzie do Atlanty i zamieszkuje z Melanie i jej ciotką w nadziei, że zobaczy Ashleya, gdy ten wróci na przepustkę. Życie w Atlancie jest trudne, gdyż szaleje wojna i często występują braki podstawowych produktów. Zwolennicy Konfederacji zachowują nadzieję poprzez zwycięstwo i porażkę, a Scarlett niechętnie pomaga w leczeniu rannych. Podczas balu charytatywnego ponownie spotyka Rhetta Butlera i wywołuje skandal tańcząc z nim, gdy jest jeszcze ubrana w żałobne szaty.

Scarlett pomaga Melanie urodzić w Atlancie, podczas gdy miasto jest oblężone przez wojska Północy. Gdy w stolicy państwa szaleją pożary, Rhettowi Butlerowi udaje się zdobyć konia i powóz i pomaga obu kobietom uciec. Schronienie znajdują w Tarze, plantacji rodziny O'Hara. Jest to początek trudnego okresu dla Scarlett: umiera jej matka, ojciec ulega szaleństwu, a niewolnicy z plantacji uciekają. Jako najstarsze dziecko rodziny, zarządzanie plantacją spada na nią, ale ona i jej dwie siostry szybko popadają w biedę.

INTERESY SCARLETT

Podwyżka podatków zmusza Scarlett do rozważenia możliwości poproszenia Rhetta o pomoc finansową. Wojna się kończy, a Ashley wraca do Tary, by znaleźć dwie zakochane w nim kobiety: swoją żonę Melanie i Scarlett, od której pozostaje daleki. Scarlett powierza zarządzanie Tarą Willowi Benteenowi, który pochodzi z biednej rodziny, i wraca do Atlanty, by poprosić Rhetta o pieniądze. Dowiaduje się wtedy, że przebywa on w więzieniu za zabicie

czarnego mężczyznę. Odwiedza go w więzieniu i proponuje, że zostanie jego kochanką, jeśli będzie płacił podatki od plantacji, ale on odmawia, doprowadzając ją do furii. Wścieka się, przekonując bogatego narzeczonego swojej siostry Suellen, Franka Kennedy'ego, którego właśnie poznała, że Suellen planuje poślubić kogoś innego. To bezduszne kłamstwo pozwala jej wyjść za Franka, co daje jej pieniądze potrzebne do spłacenia długów Tary. Niedługo potem rodzi córkę Ellę, ale zaniedbuje ją tak, jak zaniedbała swoje pierwsze dziecko Wade'a.

Scarlett nadal przebywa w Atlancie i angażuje się w handel tarcicą, a jej partnerem biznesowym jest Ashley. Zaprasza Ashleya i Melanie, aby dołączyli do niej w Tarze. Na tym etapie nie jest świadoma powiązań Franka i Ashleya z Ku Klux Klanem (amerykańska organizacja białych supremacjonistów założona w następstwie klęski Konfederatów w wojnie secesyjnej, często skracana do KKK). Kiedy zostaje zaatakowana przez białego i czarnego mężczyznę podczas próby rabunku, Frank, Ashley i kilku innych członków KKK postanawiają pomścić jej honor i poszukać napastników. Frank ginie w wyniku bójki, a Ashley wychodzi z niej bez szwanku tylko dzięki interwencji Rhetta Butlera. Do tego momentu Rhett zdołał wykorzystać swoje kontakty, aby zapewnić sobie zwolnienie z więzienia i został poinformowany przez dwóch kapitanów Unii, że Frank i Ashley są poszukiwani za udział w KKK. Udaje mu się przemycić Ashleya z powrotem do swojego domu i mówi Scarlett, że Frank został zabity.

MIŁOŚĆ I ROZCZAROWANIE

Scarlett jest teraz znowu wdową, a kiedy Rhett oświadcza jej się dzień po pogrzebie Franka, ona się zgadza. Para walczy o to, by się zgadzać i iść na kompromis, ale chociaż ich małżeństwo nie jest szczęśliwe, Scarlett rodzi córkę, Bonnie, którą Rhett uwielbia. Rhett zawsze wiedział, że jego żona nadal żywi uczucia do Ashleya, i choć wielokrotnie próbował przekonać samego siebie, że tak nie jest, ona często staje po stronie Ashleya, co powoduje napięcia między nimi. Rzeczywiście, regularnie dochodzi między nimi do burzliwych kłótni, a Scarlett, która ponownie jest w ciąży, poroniła po upadku ze schodów podczas jednej z ich niezliczonych kłótni. Rhett czuje się intensywnie winny, a tragiczny wypadek chwilowo zbliża do siebie parę. Scarlett później wraca do Tary, aby odzyskać i jest dołączony do Rhett i Bonnie, który ginie w wypadku podczas jazdy na kucyku. Rhett pozostaje niepocieszony i wszystkie stare napięcia między nimi wybuchają ponownie, jak argumentować o śmierci Bonnie i Scarlett uczucia dla Ashley. Do tej pory Rhett zrozumiał, że ona nigdy nie przestanie kochać Ashleya, a on nie może znieść tego, że będzie musiał dzielić jej uczucia z innym mężczyzną.

Melanie również doznaje poronienia i umiera w trakcie procesu. Na łożu śmierci składa Scarlett obietnicę, że zaopiekuje się jej synem i Ashleyem. Scarlett i Ashley są zrozpaczeni: ona straciła jedyną przyjaciółkę, którą kiedykolwiek miała, a on stracił miłość swojego życia. Scarlett nie wie, co robić: teraz, gdy Melanie nie żyje, może wreszcie otwarcie mówić o swojej miłości do Ashleya, ale zdaje sobie sprawę, że jej uczucia ewoluowały przez lata i są teraz czysto iluzoryczne. Widzi, że Rhett jest jej prawdziwą miłością, ale ta świadomość przyszła za późno: kiedy mówi mu, że to on jest tym, którego naprawdę kocha, on odpowiada: "Chciałbym móc dbać o to, co robisz i gdzie idziesz, ale nie mogę. [...] Moja droga, nic mnie to nie obchodzi".

Jego chłód pozostawia Scarlett zrozpaczoną i zdaje sobie sprawę, że straciła go na dobre. Kochała dwóch mężczyzn w swoim życiu, ale jej niezdolność do zrozumienia ich i kochania za to, kim są sprawiły, że straciła ich obu. Nie chce zaakceptować tej sytuacji i jest zdeterminowana, by odzyskać Rhetta, pewna, że żaden mężczyzna nigdy nie był w stanie się jej oprzeć. Jak rozpieszczone dziecko, że zawsze była w sercu, ona konkluduje "Nie będę myśleć o tym teraz. Nie zniosę tego, jeśli to zrobię. Pomyślę o tym jutro w Tarze. Jutro jest inny dzień" (s. 1349).

STUDIUM POSTACI

GŁÓWNE POSTACIE

Scarlett O'Hara

Scarlett jest popularną młodą kobietą, ale jest też rozpieszczona, samolubna, próżna i skłonna do zazdrości. Na początku powieści jest opisana jako nadzwyczajnie piękna:

> "Jej oczy były bladozielone, bez odrobiny leszczyny, upstrzone szczeciniastymi czarnymi rzęsami i lekko odchylone na końcach. Ponad nimi jej grube czarne brwi były nachylone ku górze, przecinając zaskakującą skośną linię na jej białej jak magnolia skórze – skórze tak cenionej przez kobiety z Południa i tak starannie strzeżonej za pomocą czepków, welonów i rękawic przed gorącym słońcem Georgii." (p. 3)

Z natury jest złośliwa i autorytarna, ale wie, jak sprawiać wrażenie łagodności i sprawiać wrażenie sztywnej i prymitywnej. Dowiadujemy się, że "[jej] maniery zostały jej narzucone przez łagodne napomnienia matki i surową dyscyplinę mamusi [jej czarnej pielęgniarki]" (s. 4). Gdy na Południu szaleje wojna, wykazuje się niespodziewaną odwagą i robi wszystko, by Tara pozostała nietknięta.

Czaruje każdego napotkanego mężczyznę, ale ma oczy tylko dla Ashleya Wilkesa. Jest przerażona, gdy ten żeni się z jego kuzynką Melanie, i choć w krótkim czasie wychodzi za mąż za trzech mężczyzn (brata Melanie – Charlesa Hamiltona, narzeczonego siostry Suellen – Franka Kennedy'ego i Rhetta Butlera), ma cichą nadzieję, że pewnego dnia skończy z Ashleyem.

Dopiero pod koniec powieści zdaje sobie sprawę, że jej uczucia do Ashleya są czysto iluzoryczne, a jej prawdziwą miłością jest Rhett, ale w tym momencie jest już za późno.

Relacje Scarlett z mężczyznami są skomplikowane, w tym sensie, że jest zainteresowana tylko jednym z nich, a on nie odwzajemnia jej uczuć. Nie jest przyzwyczajona do porażki, i wychodzi za mąż nie z miłości, ale aby spróbować uczynić Ashleya zazdrosnym (choć nigdy nie udaje jej się to faktycznie). Małżeństwo jest również sposobem, aby zachować twarz, ponieważ w społeczeństwie, w którym żyje, młoda niezamężna kobieta pining po człowieku, który jest zainteresowany w innym byłby postrzegany jako śmieszny. Scarlett ukrywa swoje uczucia do Ashleya, wielokrotnie rzucając się w ramiona pierwszego mężczyzny, który stanie jej na drodze, co jest powodem, że żadne z jej małżeństw nie jest szczęśliwe.

Dla niej jedyną dobrą rzeczą, jaka wynika z jej małżeństw, jest fakt, że dają jej dostęp do bogactwa mężów, które następnie jest w stanie wykorzystać, aby uratować Tarę przed pewną ruiną, zaangażować się w handel drewnem i powrócić do stylu życia, jakim cieszyła się przed wojną.

Tak samo jak wykazuje mało romantycznego zainteresowania swoimi mężami, tak samo nie poświęca wiele miłości i uwagi swoim dzieciom. Brakuje jej instynktu macierzyńskiego, uważa dzieci za nudne i postrzega macierzyństwo jako ciężar, który kobiety muszą po prostu znosić, a nie jako źródło radości i szczęścia.

Rhett Butler

Rhett Butler poznaje Scarlett na przyjęciu zaręczynowym Ashleya i Melanie na początku powieści i natychmiast się w niej zakochuje. Jest od niej znacznie starszy i często krytykowany za odmowę podporządkowania się społecznym konwenansom, ale jego druzgocący urok sprawia, że zawsze zostaje mu to wybaczone:

> *"Kiedy jej wzrok padł na niego, uśmiechnął się, ukazując zwierzęco białe zęby pod mocno przyciętymi czarnymi wąsami. Miał ciemną twarz, śniadą jak u pirata, a jego oczy były tak śmiałe i czarne, jak oczy każdego pirata oceniającego galeon do zatopienia lub pannę do zdobycia. W jego twarzy była chłodna lekkomyślność, a w ustach cyniczny humor, gdy się do niej uśmiechał, a Scarlett złapała oddech." (str. 134-135).*

Rhett jest bardzo sprytny, jeśli chodzi o finanse, a zarabia na spekulacji coraz bardziej deficytowymi produktami spożywczymi w czasie wojny secesyjnej i następującej po niej epoki rekonstrukcji (1865-1877). Wydaje się, że istnieją dwie strony jego osobowości: pierwsza jest sympatyczna i dostojna, podczas gdy druga jest wyjątkowo nieprzyjemna i czerpie perwersyjną przyjemność z irytowania ludzi wokół niego. Druga strona jego osobowości wysuwa się na pierwszy plan w otoczeniu Melanie, którą zawsze traktuje z szacunkiem i życzliwością, ponieważ w przeciwieństwie do Scarlett jest całkowicie dobra i bezinteresowna.

W przeciwieństwie do Ashleya nie boi się zmian społecznych: ogarnia je, a nawet pomaga je napędzać. Chociaż nikt inny nie ufa nowemu, jankeskiemu (przezwisko nadane północnym przez południowców) rządowi po wojnie, Rhett inwestuje pieniądze w jego obligacje, które uważa za bezpieczniejsze niż inwestycje w nieruchomości. Ponadto jego poglądy są dość nowoczesne, co sprawia wrażenie, że wyprzedza swoje czasy i ich tradycyjną mentalność, szczególnie jeśli chodzi o macierzyństwo. Uważa, że kobiety powinny być dumne z tego, że noszą dzieci i zostają matkami, a nie zamykać się w domu i ukrywać ciążę pod dodatkowymi warstwami ubrań.

W przeciwieństwie do Scarlett, Rhett kocha dzieci. Lubi bawić się z nimi i dotes na swojej córce Bonnie: daje jej wszystko, czego chce i próbuje użyć jego związek z nią, aby zrekompensować całkowity brak miłości i uczucia w jego małżeństwie. Jego miłość do Scarlett nigdy nie maleje, nawet gdy się kłócą lub gdy ona go drwi. Ona jednak pozostaje tego nieświadoma aż do samego końca książki, kiedy to mają ostatnią kłótnię, a on mówi:

> "Czy kiedykolwiek przyszło ci do głowy, że kochałem cię tak bardzo, jak mężczyzna może kochać kobietę? Kochałem cię przez lata, zanim w końcu cię zdobyłem? [...] Kochałem cię, ale nie mogłem dać ci tego poznać. Jesteś taka brutalna dla tych, którzy cię kochają, Scarlett. Zabierasz im miłość i trzymasz ją nad głową jak bicz".

Melanie Hamilton

Żona AshleyaMelanie jest mniej piękna od Scarlett, ale jest wyjątkowo dobrą osobą: nie potrafi w nikim dostrzec zła i zawsze jest gotowa pomóc innym. Jest niezwykle lubiana i każdy chce się z nią przyjaźnić, co drażni Scarlett, która jest zazdrosna o jej popularność.

> "Melania miała twarz chronionego dziecka, które nigdy nie znało niczego poza prostotą i dobrocią, prawdą i miłością, dziecka, które nigdy nie patrzyło na surowość czy zło i nie rozpoznałoby ich, gdyby na nie spojrzało. Ponieważ zawsze była szczęśliwa, chciała, aby wszyscy wokół niej byli szczęśliwi lub przynajmniej zadowoleni z siebie. [...] Miała więcej przyjaciółek niż

ktokolwiek w mieście, a także więcej przyjaciół wśród mężczyzn, choć miała niewielu kochanków, ponieważ brakowało jej samowoli i samolubstwa, które daleko idą w kierunku uwięzienia męskich serc." (p. 217).

Po wojnie i przez cały okres Rekonstrukcji Melanie nigdy nie traci swojej wrodzonej dobroci, ale jej charakter nieco twardnieje i staje się bardziej asertywna w swoich decyzjach. Jest bardzo przywiązana do Scarlett, zwłaszcza po ślubie z jej bratem Charlesem, i zawsze broni jej przed ciągłą krytyką i szyderstwami kierowanymi w jej stronę.

Ashley Wilkes

Ashley jest mężem Melanie, w którym Scarlett jest skrycie zakochana. Jest staroświeckim mężczyzną, który marzy o prowadzeniu spokojnego życia w Twelve Oaks z żoną i dziećmi. Kocha swój wygodny, mały świat i z trudem radzi sobie z jego upadkiem i wynikającymi z niego zmianami po wojnie. Można go określić jako patriotę, ale nie jest stworzony do działania i walki: jak pisze do Melanie w jednym z listów z frontu, lubi życie w domu. Dowiadujemy się: "To było tak, jakby pisząc do Melanie, Ashley próbował całkowicie zignorować wojnę i starał się zakreślić wokół nich magiczny krąg bezczasu, odcinając się od wszystkiego, co wydarzyło się od czasu, gdy Fort Sumner był wiadomością dnia" (s. 296). Po powrocie z wojny opłakuje utratę dawnego życia, które miało "blask, doskonałość, kompletność i symetrię jak sztuka grecka" (s. 735).

Po wojnie przenosi się do Atlanty z Melanie i Scarlett, ale ku wielkiemu rozczarowaniu Scarlett, okazuje się, że nie jest w stanie poprawić ich sytuacji i nie wykazuje żadnej smykałki do interesów, kiedy powierza mu zarządzanie tartakiem, który nabyła. Jego wrodzona uczciwość pozwala mu być oszukanym, ponieważ wierzy, że wszyscy jego klienci są tak samo uczciwi jak on, a firma traci pieniądze w wyniku. Chociaż jest przyciągany do Scarlett, stale odrzuca jej zaloty, ponieważ chce pozostać wierny Melanie. Kiedy ona umiera, zdaje sobie sprawę, że była jego jedyną prawdziwą miłością i że wszystko, co czuł do Scarlett to pożądanie.

POSTACIE DRUGOPLANOWE

Gerald O'Hara

Ojciec Scarlett, Gerald O'Hara, to urodzony w Irlandii wspinacz społeczny. Po wyemigrowaniu do USA udało mu się dołączyć do amerykańskich wyższych sfer i poślubić Ellen Robillard. Lubi luksusowe rzeczy w życiu i szybko się złości, ale ma dobre serce. Jest oddany swojej córce Scarlett, która go kocha. Ginie, gdy skręca kark skacząc na koniu przez płot.

Ellen O'Hara

Matka Scarlett, Ellen, jest miłą, delikatną kobietą o silnym poczuciu moralności. Jej wrodzona dobroć popycha ją do pomagania chorym i potrzebującym, bez względu na kolor ich skóry. Jest córką jednej z najbogatszych rodzin w mieście Savannah, ale po tym, jak kuzyn, w którym była zakochana, został zmuszony do opuszczenia kraju, zaskoczyła wszystkich, wychodząc za mąż za Geralda O'Harę, imigranta bez grosza, który własnymi rękami zbudował Tarę i uczynił ją dochodową wyłącznie dzięki własnym wysiłkom. Ellen jest wzorem do naśladowania dla Scarlett, która stara się ją naśladować.

Mammy

Mammy jest czarną niewolnicą rodziny i pielęgniarką Scarlett, i jest "oddana do ostatniej kropli krwi O'Harom" (s. 30), pozostając lojalną wobec nich w czasie i po wojnie domowej. W pewnym sensie jest sumieniem Scarlett, gdyż bacznie obserwuje jej zachowanie i szybko udziela jej reprymendy, gdy zachowuje się źle. Jednak bez względu na to, co mówi lub myśli o poczynaniach swojej młodej podopiecznej, wspiera ją na dobre i złe.

Charles Hamilton i Frank Kennedy

Charles Hamilton to brat Melanie i pierwszy mąż Scarlett. Jest czuły, ale nieco niezręczny w stosunku do kobiet. Wkrótce po ślubie z Scarlett, zostaje powołany do służby na wojnie i umiera na zapalenie płuc w obozie szkoleniowym, zanim trafi na front.

Bogaty Frank Kennedy jest początkowo zaręczony z siostrą Scarlett, Suellen, ale Scarlett manipuluje go do poślubienia jej zamiast, aby mogła użyć jego fortuny, aby zapewnić przetrwanie Tary. Frank staje się zatem drugim mężem Scarlett. Jest oszołomiony jej niesamowitą znajomością biznesu, ale nie lubi tej cechy u kobiet. Jego zdrowie jest kruche, a on sam jest opisywany jako fizycznie nieatrakcyjny. Jest członkiem Ku Klux Klanu, a kiedy organizacja wpada w obronie Scarlett po tym, jak została zaatakowana przez dwóch chuliganów, zostaje postrzelony w głowę i zabity.

Suellen O'Hara i Carreen O'Hara

Suellen jest młodszą siostrą Scarlett, a Scarlett jest o nią zazdrosna. Suellen zaczyna nienawidzić Scarlett, gdy ta wychodzi za mąż za swojego narzeczonego Franka Kennedy'ego. Suellen następnie poślubia Will Benteen, który pochodzi z biednej rodziny, ale pomógł Scarlett uratować finanse Tary po wojnie. Benteenowie stają się nowymi właścicielami plantacji.

Carreen jest najmłodszą siostrą Scarlett. W przeciwieństwie do Suellen jest z natury łagodna i posłuszna. Jest też bardzo pobożna, a po tym jak dowiaduje się o śmierci swojego zalotnika na wojnie, postanawia wstąpić do klasztoru w Charleston.

Wade Hampton Hamilton, Ella Lorena Kennedy i Eugenie Victoria "Bonnie" Butler.

Wade, Ella i Bonnie to dzieci Scarlett z każdym z jej trzech mężów (odpowiednio Charles Hamilton, Frank Kennedy i Rhett Butler). Scarlett nie jest szczególnie przywiązana do żadnego z nich i zmaga się z macierzyństwem. Bonnie spada z kucyka i umiera w wieku czterech lat, co wydaje się być sygnałem śmierci dla chorego związku Scarlett i Rhetta.

ANALIZA

AMERYKAŃSKA WOJNA DOMOWA

Amerykańska wojna domowa miała miejsce w latach 1861-1865 i toczyła się głównie o kwestię niewolnictwa. Stronami walczącymi były Stany Konfederacji na południu kraju i Unia na północy, która ostatecznie wyszła z niej zwycięsko. Kiedy Abraham Lincoln (1809-1865), republikanin sprzeciwiający się niewolnictwu, został wybrany na prezydenta w 1860 roku, wiele południowych stanów zbuntowało się z powodu chęci zachowania białej supremacji. Pod koniec 1860 roku Karolina Południowa odłączyła się od Unii, a wkrótce za nią podążyło kilka innych stanów, w tym Missisipi, Floryda, Georgia i Luizjana. Stany te utworzyły Skonfederowane Stany Ameryki, wybrały prezydenta i ustanowiły swoją stolicę w Richmond w Wirginii. 11 stanów Konfederacji było zdecydowanych uniknąć finansowych konsekwencji planu Lincolna zniesienia niewolnictwa i było przekonanych, że wyjdą z konfliktu zwycięsko pomimo mniejszej liczebności swojej armii.

Amerykańska wojna domowa stanowi tło filmu *Przeminęło z wiatrem*. Jest wszechobecna, a nawet po jej zakończeniu ma daleko idące konsekwencje dla mieszkańców Atlanty i Tary. Mężczyźni są dumni z wojny, a kobiety gotowe są zrezygnować z własnego szczęścia dla dobra swojego kraju: "[a] Sprawę, którą kochali tak bardzo, jak kochali swoich ludzi [...] Sprawę, dla której poświęciliby tych ludzi, gdyby zaszła taka potrzeba, i ponieśliby ich stratę z taką samą dumą, z jaką mężczyźni nieśli swój sztandar bojowy." (s. 237).

Południowcy są niezmiennie optymistyczni: nawet gdy sprawy nie idą po ich myśli, mężczyźni zachowują odwagę i nadzieję. Wojna ciągnie się jednak w nieskończoność i prowadzi do poważnych niedoborów. Wiele artykułów spożywczych i innych produktów jest niedostępnych lub zbyt drogich dla wielu ludzi, a blokada portów utrudnia zaopatrzenie, co powoduje dalszy wzrost cen: "Jankeska blokada o portach Konfederacji zacieśniła się, a luksusy takie jak herbata, kawa, jedwabie, pobyty na fiszbinach, wody kolońskie, magazyny o modzie i książki były rzadkie i drogie" (s. 300).

Teraz, gdy popyt znacznie przewyższa podaż, spekulanci i spekulantki są w stanie zarobić ogromne sumy pieniędzy, sprzedając towary po wygórowanych cenach. Nawet Rhett Butler bierze w tym udział:

> *"W miarę jak żywność i odzież stawały się rzadsze, a ceny rosły coraz wyżej, publiczne oburzenie przeciwko spekulantom stawało się coraz głośniejsze i bardziej jadowite. [...] Przeciwko nikomu nie odczuwano większej goryczy niż przeciwko Rhettowi Butlerowi. Sprzedał on swoje łodzie, gdy blokada stała się zbyt niebezpieczna, a teraz otwarcie zajmował się spekulacją żywnością." (p. 387)*

Jednak dla Scarlett i innych młodych kobiet wojna nie jest wszystkim złym, ponieważ daje im większą swobodę w zachowaniu i relacjach społecznych. Dziewczęta pozwalają teraz mężczyznom czarować i całować je, ku konsternacji ich matek, które przed ślubem nie miały fizycznego kontaktu z mężczyznami.

W kwietniu 1865 roku Stany Konfederacji poddały się, a wojna ustąpiła miejsca erze rekonstrukcji. Przegłosowano trzynastą poprawkę, która znosiła niewolnictwo, a także wprowadzono szereg środków politycznych i społecznych sprzyjających emancypacji czarnych obywateli kraju. Zmiany te oburzyły Południowców, którzy musieli się również zmierzyć z pojawieniem się carpetbaggerów (północnych spekulantów, którzy przenieśli się na Południe, aby wykorzystać zamieszanie po wojnie i wzbogacić się), scalawagów (południowców, którzy wspierali Północ) i uwolnionych czarnych niewolników. Nieodwracalnie zmniejszyła się też władza i status właścicieli plantacji. Zareagowali oni tworząc tajne stowarzyszenia, takie jak Ku Klux Klan, który powstał w 1866 roku i którego członkowie atakowali carpetbaggerów i skalawagów oraz stosowali groźby i lincze, aby uniemożliwić czarnym obywatelom udział w życiu politycznym i społecznym.

Pomimo tych trwałych napięć życie na Południu stopniowo wracało do normy, a ludność i plantacje odbudowywały się po zniszczeniach spowodowanych konfliktem. Ludzie byli szczęśliwsi i znów zaczęli organizować bale i wesela, ale "w ich starym świecie zmieniło się wszystko oprócz starych form. Stare zwyczaje trwały, musiały trwać, bo formy były wszystkim, co im pozostało".

POWIEŚĆ FEMINISTYCZNA

Przeminęło z wiatrem przedstawia pozycję kobiet na tradycjonalistycznym Południu XIX wieku. Od kobiet z klasy wyższej oczekiwano skromności, dobrego wychowania i samozaparcia, a także sprawiania wrażenia ignorantek, nawet jeśli nimi nie były. Od dobrej kobiety z Południa oczekiwano, że będzie doskonałą gospodynią domową i będzie zgadzać się z mężem w każdym temacie. W powieści Scarlett uważa te oczekiwania za uciążliwe i duszne, ponieważ chce przede wszystkim być sobą i robić i mówić, co chce, nie zważając na decorum. To czyni ją niezwykłą bohaterką jak na czasy, w których powieść została napisana. Nie robi nic, aby przyciągnąć krytykę, ale naraża się na nią z powodu odrzucenia ścisłego konformizmu, który charakteryzuje społeczeństwo, w którym żyje:

> *"Jestem zmęczona wiecznym byciem nienaturalną i nigdy nie robieniem niczego, co chciałabym robić. Jestem zmęczona zachowywaniem się, jakbym nie jadła więcej niż ptak, chodzeniem, kiedy chcę biec i mówieniem, że czuję się słabo po walcu, kiedy mogłabym tańczyć przez dwa dni i nigdy się nie zmęczyć. Jestem zmęczona mówieniem: ,Jaka jesteś wspaniała!', aby oszukać mężczyzn, którzy nie mają nawet połowy mojego rozumu, i jestem zmęczona udawaniem, że nic nie wiem, aby mężczyźni mogli mi mówić różne rzeczy i czuć się ważni, kiedy to robią." (p. 110)*

Pomimo bardzo surowego wychowania, młode samotne kobiety mają jeszcze niewielką swobodę flirtowania z młodymi mężczyznami podczas posiłków na wsi, podczas gdy mężatki muszą pozostać na marginesie wydarzeń towarzyskich. Wdowieństwo jest jednak postrzegane jako najgorszy możliwy stan dla kobiety. Po śmierci pierwszego męża Scarlett odkrywa, że jej nowy status jest jedną z najgorszych mąk w jej życiu:

> *"Wdowa musiała nosić ohydne czarne suknie bez choćby odrobiny warkocza, który by je ożywił, żadnych kwiatów ani wstążek, ani koronek, ani nawet biżuterii, z wyjątkiem onyksowych broszek żałobnych lub naszyjników z włosów zmarłego. [...] Wdowy nie mogły nigdy żywo rozmawiać ani głośno się śmiać. Nawet jeśli się uśmiechały, musiał to być uśmiech smutny, tragiczny. I, co najstraszniejsze, nie mogły w żaden sposób wskazywać na zainteresowanie towarzystwem panów." (p. 187)*

Co więcej, kobiety, które mają pracę, są źle widziane przez resztę społeczeństwa. Scarlett po raz kolejny łamie konwenanse, gdy staje się właścicielką dwóch tartaków i sklepu męża i postanawia sama nimi zarządzać. Nawet po zakończeniu wojny jest krytykowana w całej Atlancie i dalej, o czym informują ją w liście jej ciotki z Charleston:

> *"A teraz, moja droga, muszę ci napisać o czymś, co dotarło do naszych uszu – o czymś, w co Eulalie i ja z początku nie chciałyśmy uwierzyć. Słyszałyśmy, oczywiście, że czasami pomagałaś w sklepie, który zostawił ci pan Kennedy. Słyszałyśmy plotki, ale oczywiście zaprzeczyłyśmy im. Zdawaliśmy sobie sprawę, że w tych pierwszych strasznych dniach po wojnie było to być może konieczne, bo warunki były jakie były. Ale teraz nie ma potrzeby takiego zachowania z waszej strony [...]. Scarlett, to musi się skończyć. [...] Pomyśl, jak będą się czuły twoje małe dzieci, gdy dorosną i zorientują się, że zajmowałaś się handlem! Jak bardzo będą umartwione, gdy dowiedzą się, że zajmując się młynami, naraziłaś się na zniewagi niegrzecznych ludzi i niebezpieczeństwo nieostrożnych plotek." (p. 1337)*

W "*Przeminęło z wiatrem*", choć mężczyźni zostali zmuszeni do zostania żołnierzami w obronie swojego kraju, to właśnie kobiety są bohaterkami. Scarlett nie boi się buntować przeciwko seksistowskim konwenansom i jest bardzo nowoczesna w swoim zachowaniu. Ponadto historia opowiedziana jest z punktu widzenia kobiet, czyli Scarlett i Melanie, które przystosowały się do wojny secesyjnej i zdołały opatrzyć rannych, zlokalizować zapasy i znaleźć siłę, by iść dalej. Poza powieścią historyczną, *Przeminęło z wiatrem* można zatem określić również jako dzieło feministyczne, ponieważ przedstawia bez ogródek pozytywne i negatywne cechy kobiet, kwestionuje ich pozycję w społeczeństwie i wywyższa ich odwagę, poczucie obowiązku i patriotyzm w obliczu wojny, która odebrała im niemal wszystko: mężów, ojców, synów i wnuków, domy i uspokajające, wygodne życie.

NIEWOLNICTWO

Przedstawienie niewolnictwa w powieści jest wyraźnie subiektywne, prawdopodobnie ze względu na fakt, że sama

Mitchell pochodziła z Południa. Niewolnicy na plantacji są zorganizowani według systemu zadaniowego, co oznacza, że niewolnicy podlegają nadzorcy, Jonasowi Wilkersonowi, każdy z nich otrzymuje konkretne zadanie do wykonania i może zająć się swoimi sprawami osobistymi po zakończeniu pracy w danym dniu. Niewolnicy w Tarze, w tym Mammy, Pork, Prissy i Dilcey, nie wydają się być nieszczęśliwi czy źle traktowani – wręcz przeciwnie.

W powieści podział na ręce polowe i niewolników domowych jest bardzo wyraźny: kiedy Tara jest zrujnowana, niewolnicy, którzy są przyzwyczajeni do pracy w domu, niechętnie pomagają zbierać bawełnę na polach. To poczucie hierarchii wśród niewolników jest głęboko zakorzenione, a Scarlett musi z nim walczyć, aby niewolnicy domowi pracowali na polach:

> *"Pork, Mammy i Prissy urządziły okrzyki na pomysł pracy w polu. Powtarzały, że są czarnuchami domowymi, a nie pracującymi w polu. [...] Scarlett nie chciała słuchać protestów i zapędziła ich wszystkich w rzędy bawełny. Ale Mammy i Pork pracowali tak wolno i z tyloma lamentami, że Scarlett odesłała Mammy do kuchni, by gotowała, a Pork do lasu i nad rzekę z wnykami na króliki i oposy oraz linami na ryby. Zbieranie bawełny było poniżej godności Pork, ale polowanie i łowienie ryb nie." (p. 630)*

Mimo że ich praca jest wyczerpująca, a panowie surowi i autorytarni, niewolnicy są przedstawiani jako niezawodnie lojalni wobec nich. Na przykład Mammy podążała za Ellen, kiedy ta wyszła za Geralda O'Harę i wychowywała ich trójkę dzieci, natomiast Pork okrada sąsiadów, aby upewnić się, że wszyscy w Tarze będą mieli co jeść.

Po wojnie czarna ludność kraju stopniowo zaczyna zdobywać kolejne prawa, wspierana przez Jankesów. Północnicy chcą, aby czarni obywatele mieli prawo do głosowania, ku konsternacji bardziej bigoteryjnych bohaterów powieści, takich jak Frank Kennedy. Mimo że niewolnicy zostali uwolnieni, niektórzy z nich pozostają lojalni wobec swoich dawnych właścicieli: na przykład niewolnicy w Tarze odmawiają upomnienia się o swoją nowo odkrytą wolność i wybierają zamiast tego dzielenie cierpienia swoich panów w tym trudnym czasie.

ADAPTACJA FILMOWA

Filmowa adaptacja książki Victora Fleminga z 1939 roku trwa prawie cztery godziny, kosztowała niecałe 4 miliony dolarów, a do dziś zarobiła ponad 400 milionów dolarów. Film zdobył osiem Oscarów, w tym za najlepszy film i najlepszą aktorkę dla Vivien Leigh (brytyjska aktorka, 1913-1967), która zagrała Scarlett O'Harę. Reszta obsady obejmowała jedne z największych nazwisk ówczesnego kina: Clark Gable (amerykański aktor, 1901-1960) jako Rhett Butler, Olivia de Havilland (amerykańska aktorka, ur. 1916) jako Melanie Hamilton i Leslie Howard (brytyjski aktor i reżyser, 1893-1943) jako Ashley Wilkes.

Film jest kolorowy i początkowo był produkowany i dystrybuowany w czterech częściach, aby odzwierciedlić różne okresy czasu, w których rozgrywa się historia. Z każdą częścią związane są inne palety kolorów:

• Pierwsza część jest zielona, co przywołuje płodność, beztroskie życie w Tarze i radosną egzystencję Scarlett.

• Druga część to czerwień, która kojarzy się z krwią, gniewem i zazdrością Scarlett, ale także z miłością (to właśnie podczas tej części Scarlett i Rhett dzielą swój pierwszy pocałunek).

- W trzeciej części dominuje brąz, kolor suszy i powojennego opustoszenia.

- Czwarta część jest czarna lub ciemna, z akcentami bieli. Symbolizuje to odrodzenie, wymieszanie się Północy i Południa, powrót do bogactwa i luksusu, a także cierpienie spowodowane śmiercią Melanii i odejściem Rhetta.

Film jest generalnie bardzo wierny książce, choć wprowadza pewne zmiany: na przykład niektóre pomniejsze postacie, które nie są kluczowe dla fabuły, zostały wyeliminowane z filmu. Co najważniejsze, dzieci Scarlett z jej dwóch pierwszych małżeństw nie występują w filmie. W adaptacji, Gerald O'Hara umiera po upadku z konia podczas pościgu; w powieści, umiera po upadku z konia podczas skoku przez płot, po oszalałych w następstwie śmierci żony. Wreszcie, w filmie młodsza siostra Scarlett, Carreen, nie przenosi się do klasztoru, jak to ma miejsce w książce.

W momencie premiery film spotkał się z powszechnym uznaniem krytyków, którzy chwalili jego jakość wizualną i znakomitą grę aktorów. Tylko jedna rzecz zepsuła jego początkowy triumf w USA: afroamerykańska aktorka Hattie McDaniel (1895-1952), która została pierwszą czarnoskórą laureatką Oscara, otrzymując tytuł najlepszej aktorki drugoplanowej za rolę Mammy, nie mogła uczestniczyć w premierze wraz ze swoimi kolegami z powodu segregacji rasowej, która panowała wówczas w USA.

👁 SEGREGACJA

Chociaż niewolnictwo zostało zniesione w USA w 1865 roku, zastąpiła je inna forma dyskryminacji rasowej, a mianowicie segregacja, która trwała aż do lat 60. XX wieku. W byłych Stanach Konfederacji uchwalono prawa Jima Crowa, które dzieliły obywateli na podstawie ich rasy i wymuszały segregację rasową w usługach i miejscach publicznych, w tym w kościołach, szkołach, restauracjach, toaletach publicznych, transporcie publicznym, a nawet w dzielnicach mieszkaniowych.

W latach sześćdziesiątych, w dużej mierze dzięki afroamerykańskim działaczom, takim jak Martin Luther King (pastor i działacz na rzecz praw obywatelskich, 1929-1968) i Rosa Parks (działaczka na rzecz praw obywatelskich i ikona walki z segregacją, 1913-2005), opinia publiczna zaczęła zwracać się przeciwko segregacji. W 1964 roku uchwalono Ustawę o Prawach Obywatelskich. Ten prawny kamień milowy zakazał dyskryminacji ze względu na rasę, kolor skóry, religię, płeć lub pochodzenie narodowe. Następnie w 1965 r. uchwalono Voting Rights Act, który zabraniał dyskryminacji rasowej w głosowaniu i starał się egzekwować prawa wyborcze zapisane w uchwalonych prawie sto lat wcześniej Poprawkach Czternastej i Piętnastej.

DALSZA REFLEKSJA

KILKA PYTAŃ DO PRZEMYŚLENIA...

- W *"Przeminęło z wiatrem"* Mitchell przedstawia niewolnictwo w sposób sanityzowany i przyjmuje paternalistyczny ton opisując niewolników. Podkreśl kilka elementów z powieści, które to ilustrują.

- Scarlett i Rhett oboje są wyrzutkami społeczeństwa, zwłaszcza z powodu swojego zachowania. Przeczytaj ponownie scenę na balu charytatywnym w części pierwszej i podkreśl elementy, które ilustrują ich status outsiderów.

- Rhett i Ashley to diametralnie różne charaktery. Nakreśl kluczowe cechy charakteru każdego z nich.

- Wyrażenie "przeminęło z wiatrem" przywołuje efemeryczność i złamane obietnice. Wyjaśnij, dlaczego ten tytuł dobrze podsumowuje powieść.

- Dlaczego można powiedzieć, że Scarlett wyprzedza swoje czasy? Jakie elementy o tym świadczą i w czym różni się od Melanie?

- Wykorzystaj elementy powieści, aby zilustrować sposoby, w jakie Scarlett jest bohaterką feministyczną.

- Ponownie przeczytaj zakończenie powieści. Jakie powiązania można dostrzec między końcem związku Rhetta i Scarlett a sytuacją polityczną w USA w następstwie wojny secesyjnej?

- W jaki sposób powieść podkreśla niektóre z ciemnych stron amerykańskiej historii?

- W powieści pojawiają się pewne elementy feministyczne. Czy w czasach, kiedy została napisana, było to powszechne? Opisz historię literatury feministycznej.

- Filmowa wersja powieści odniosła fenomenalny sukces, a jej renoma przebiła sławę książki. Jak wytłumaczyłby Pan sukces filmu?

DALSZE CZYTANIE

WYDANIE REFERENCYJNE

Mitchell, M. (2008) *Przeminęło z wiatrem*. New York: Pocket Books.

BADANIA REFERENCYJNE

(Bez daty) Autant en emporte le vent – Romans/dramat/guerre. *Cinemaclassic.free.fr*. [Online]. [Dostęp 14 sierpnia 2018]. Dostępny w: <http://cinemaclassic.free.fr/gwtw/gwtw.htm>.

Carmarans, C. (2013) Lois Jim Crow, Ku Klux Klan: la face obscure de l'Amérique. *Rfi.fr*. [Online]. [Dostęp 14 sierpnia 2018]. Dostępny w: <http://www.rfi.fr/ameriques/20130826-usa-etats-unis-segregation-noirs-racisme-martin-luther-king-lois-jim-crow-ku-klux-klan-face-obscure-amerique>.

(Bez daty) États-Unis : histoire. *Larousse*. [Online]. [Dostęp 14 sierpnia 2018]. Dostępny w: <http://www.larousse.fr/encyclo-pedie/divers/%C3%89tats-Unis%C2%A0_histoire/185969>.

(Bez daty) Guerre de Sécession ou guerre civile américaine. *Larousse*. [Online]. [Dostęp 14 sierpnia 2018]. Dostępny w: <http://www.larousse.fr/encyclopedie/divers/guerre_de_S%C3%A9cession/143727>.

Haïk, E. (2008) Scarlett O'Hara, la peste magnifique. *Motsbulles. fr*. [Online]. [Dostęp 14 sierpnia 2018]. Dostępny w: <http://motsbulles.fr/blog/motsbulles/scarlett-ohara-la-peste-ma-gnifique/>.

Laffont, R. i Bompiani, V. (1994) Mitchell, Margaret Munnerlyn. *Nouveau dictionnaire des auteurs de tous les temps et tous les pays*. Paris: Robert Laffont. s. 2192-2193.

Laroche-Signorile, V. (2015) Ségrégation et discriminations aux États-Unis dans les années 60. *Le Figaro.* [Online]. [dostęp 14 sierpnia 2018]. Dostępny w: <http://www.lefigaro.fr/histoire/2015/02/20/26001-20150220ARTFIG00324-segregation-et-discriminations-aux-etats-unis-dans-les-annęes-60.php>.

(Bez daty) Le Sénat américain présente ses excuses pour l'esclavage. *Le Monde.* [Online]. [Dostęp 14 sierpnia 2018]. Dostępny w: <https://www.lemonde.fr/ameriques/article/2009/06/18/le-senat-americain-presente-ses-excuses-pour-l-esclavage_1208649_3222.html>.

Mesnard, E. i Coquery-Vidrovitch, C. (2013) *Ętre esclave : Afrique-Amériques, XVe-XIXe siècle*. Paris: La Découverte.

(2002) Mitchell (Margaret). In: Mougin, P. and Haddad-Wotling, K., eds. *Dictionnaire Mondial de la littérature*. Paris: Larousse. s. 830-831 [online]. [dostęp 14 sierpnia 2018]. Dostępny w: <https://gallica.bnf.fr/ark:/12148/bpt6k12005026>.

ADAPTACJA

Przeminęło z wiatrem. (1939) [Film]. Victor Fleming. Dyr. USA: Selznick International Pictures, Metro-Goldwyn-Mayer.

Chcemy usłyszeć od Ciebie, co się dzieje!
Zostaw komentarz na temat swojej internetowej biblioteki
i podziel się swoimi ulubionymi książkami w mediach społecznościowych!

Wydawca zapewnia o wiarygodności publikowanych informacji, co jednak nie może wiązać się z jego odpowiedzialnością.

www.50minutes.com

Master ISBN: 9782808695336
Papierowy ISBN: 9782808616737
Depozyt prawny: D/2023/12603/1953

Verhaal: © Primento

Projekt cyfrowy: Primento, cyfrowy partner wydawców.